Roy Publicae

# Hyperkapnie

**Roy Publicae**

# Hyperkapnie

## Maskenrisiko

**Dictus Publishing**

**Imprint**



Cover image: www.ingimage.com

Publisher:
Dictus Publishing
is a trademark of
International Book Market Service Ltd., member of OmniScriptum Publishing Group
17 Meldrum Street, Beau Bassin 71504, Mauritius
Printed at: see last page
**ISBN: 978-613-7-35361-5**

Inhaltsverzeichnis:

## I. <u>Information:</u>

**Informationsbrief für Eltern, SchulleiterInnen, Lehrkräfte, Pädagogen und am Schultag beteiligte Personen**[1]

Sehr geehrte Damen und Herren,

mit diesem Informationsschreiben möchten wir Ihnen eine Sammlung an Informationen bzgl. des Schulalltages unter Corona Bedingungen zur Verfügung stellen.

---

[1] Vgl. https://cloud.querdenken-773.de/index.php/s/NTzaggenjoaa6c2#pdfviewer

## 1. Das Risiko einer maskenbedingten Hyperkapnie bei Kindern und Jugendlichen: Symptome und Behandlung

Der Hygieneplan sensibilisiert die Schulen in keiner Weise für die möglichen Gesundheitsrisiken von Masken. Dies ist sehr bedenklich, da Fälle von Hyperkapnie an Schulen tatsächlich bereits vorgefallen sind.

Das Tragen von Masken führt zwar nicht zu einem Abfall der Sauerstoffsättigung, jedoch zu einem Anstieg des CO2-Spiegels im Blut aufgrund der CO2 Akkumulation hinter der Maske. Dieser Kohlendioxid-Anstieg ist schon nach wenigen Atemzügen mit entsprechenden Messgeräten nachweisbar (siehe Anhang).

Hyperkapnie, ein erhöhter Kohlenstoffdioxidgehalt im Blut, kann verschiedene Hirnfunktionen einschränken. Erste Symptome sind Kopfschmerzen, Unwohlsein, Schwindel, Konzentrationsschwierigkeiten, Müdigkeit, schließlich auch Verwirrtheit, Hautrötungen, Muskelzucken, erhöhter Puls oder Herzstolpern. Im fortgeschrittenen Stadium können Panik,

Krampfanfälle, Blutdruckabfall, Bewusstseinsstörungen und Bewusstlosigkeit auftreten.

Für Menschen mit bestimmten Vorerkrankungen, eingeschränkter Lungenfunktion, Übergewicht, sowie für Kinder ist hier ein besonderes Gesundheitsrisiko gegeben.

Da grade Grundschüler Symptome wie Kopfschmerzen, Konzentrationsabfall, plötzlicher Müdigkeit oder Schwindel nicht unbedingt mit dem Tragen der Maske in Verbindung setzen würden, oder da sie sich aufgrund der schulischen Verpflichtung vor dem Absetzen ihrer Gesichtsbedeckung scheuen würden, ist es hier besonders notwendig, sie auf das Erkennen entsprechender Symptome sowie auf das richtige Reagieren (sofortiges Absetzen der Maske) hinzuweisen.

2. Ebenfalls ist es ratsam, den Gesundheitszustand der SchülerInnen zu beobachten und lethargisch oder ungewöhnlich still wirkenden Kindern zu einem Absetzen der Maske zu raten.

Auch das Kultusministerium scheint die körperliche Belastung durch die CO2 Rückatmung(Hyperkapnie)zukennen–dieswürdeerklären,weshalbderHygieneplan den Sportunterricht bisher von der Maskenpflicht ausgenommenhat.Nichterklärbarist,weshalbdieKinderbeisonstigerkörperlicherAnstrengungaufdem Pausenhof (Herumrennen, Fangenspielen...)Maskentragen sollen.

Den Kindern in der Pause körperliche Bewegung zu verbieten scheint jedoch kaum eine Lösung zu sein. Es ist ein Rätsel, weshalb der Hygieneplan über dieses wichtige Thema schweigt, bzw. bei NotfälleninKapitel15sogarvorschlägt,demhilfsbedürftigenKinddieMaskenicht abzusetzen und von einer Beatmung im Rahmen einer Wiederbelebung unter Berücksichtigung des „Eigenschutzes“ womöglich abzusehen! Dass diese Empfehlung an Kindswohlgefährdung grenzt, dürfte sich wohl jeder Person erschließen. Seien Sie versichert, dass eine Ohnmacht bei einem maskentragenden Kind kein Zeichen einer plötzlichen Covid-19-Infektion wäre, sondern vielmehr einer Kohlendioxidanreicherung im Blut. Diese ist nicht ansteckend. Der erste und wichtigste Schritt ist das sofortige Absetzen der Maske. In vielen Fällen reguliert sich dann der CO2Spiegel. Doch ist es angesichts einer bedrohlichen Pandemiesituation empfehlenswert, Kindern bei Unwohlsein oder Müdigkeit zum Absetzen der Masken zu raten, um einer Hyperkapnie vorzubeugen? Würde hier nicht die Gefahr einer Covid-19-Verbreitung an Schulen steigen? Diese Frage wird im nächsten Kapitel beantwortet:

Der Sinn und Nutzen einer Maskenpflicht bei Kindern Für die Lehrer ist die momentane Situation ein sehr schwieriger Balanceakt – auf der einen Seite gibt es Lehrkräfte und Elternteile, die vielleicht zu Risikogruppen gehören und die große Sorge haben, jemand könnte sich infizieren. Auf der anderen Seite jedoch gibt es die Schüler, denen man eine möglichst sorgenfreie und glückliche Kindheit und einen möglichst normalen Schulbetrieb ohne drastische Einschränkungen wie Masken- und Abstandsregeln und

Quarantäneandrohungen bescheren möchte. Um hier etwas mehr Licht ins Dunkel zu bringen, möchte ich drei Fragen beantworten:

a Welchen Schutz bieten Masken?

b Wie sieht die aktuelle „Pandemie-Situation“ überhaupt aus?

c Welche Ansteckungsgefahr geht von Kindern bei Covid-19aus?

a) <u>Welchen tatsächlichen Schutz bieten Masken?</u>

Mund-Nasen-Bedeckungen bieten weder für einen selbst noch für andere Menschen einen verlässlichen Schutz vor Covid 19. Aus diesem Grund dürfen Stoffmasken unter Androhung hoher Abmahngebühren auch nicht als „Mundschutz“ oder als „Schutzmasken“ verkauft werden, da diese Bezeichnung irreführend wäre. Das BfarM (Bundesinstitut für Arzneimittel und Medizininstitute) schreibt auf seiner Homepage zu den gebräuchlichen Stoffmasken (Community Masken):„Träger der beschriebenen Mund-Nasen-Bedeckungen können sich nicht darauf verlassen, dass diese sie oder andere vor einer Übertragung von SARS-CoV-2 schützen, da für diese Masken keine entsprechende Schutzwirkung nachgewiesen wurde.“Das SARS-CoV-Virus hat einen Durchschnitt von 0,08 bis 0,14 µm. Die chirurgischen Masken sind für diese Viren wie auch für Aerosole mit einem Durchmesser von 0,9 bis3,1 µm durchlässig; bei Stoffmasken dürften die Poren des Stoffes noch größer sein. 1Manche Gesichtsbedeckungen wie z.B. dünne Schals (sogenannte Multifunktionstücher) erhöhen laut einer Studie sogar das Risiko einer Infektion, da sie die Tröpfchen beim Sprechen in kleinere Tröpfchen aufteilen und somit deren Verbreitung verstärken.

Wenn das Tragen von Gesichtsbedeckungen, die keinen Schutz vor Ansteckung bieten, im Hygieneplan zulässig ist, geht es wohl kaum um Sicherheit, sondern eher um die Beruhigung der Menschen.

1 https://www.aerzteblatt.de/nachrichten/111799/COVID-19-Patienten-husten-Viren-durch-chirurgische-Masken-und-Baumwollmasken-hindurch

2 https://advances.sciencemag.org/content/early/2020/08/07/sciadv.abd3083

b) Wie sieht die derzeitige Pandemie-Situation überhauptaus?

Trotz vollgepackter Badestrände in den Sommermonaten gibt es in Deutschland weder einen Anstieg von Infizierten Zahlen noch irgendeinen Nachweis von Covid 19 bei den Sentinelproben des Robert-Koch-Instituts: Es gibt wiederholt in den Zeitungen Berichte von gesteigerten Infizierten-Zahlen. Dies ist jedoch in Relation zu der massiv gesteigerten Testdurchführung zu sehen ist. Dass diese richtige Einordnung der Zahlen in den Medienberichten nicht gemacht wird, ist irreführend und eigentlich schon skandalös. Denn würde man die Zahlen der positiven Testergebnisse in Relation zu der Testanzahl betrachten, würde einem kein Anstieg von Covid-19-Fällen in der Bevölkerung auffallen. Im Gegenteil, prozentual gesehen ist ein klarer Rückgang der positiven Testergebnisse zu verzeichnen (siehe Anhang).Vor mehreren Wochen sagte Herr Spahn noch in den Nachrichten, dass man bei flächendeckenden Tests wohl mehr falsch-positive Testergebnisse bekäme als echte.

In der Statistik wird diese Fehlerquote der PCR-Tests nicht einkalkuliert; falsch-positive werden als positive gezählt. Auch zwischen kerngesund (symptomfrei) und tatsächlich erkrankt wird bei den Infiziertenzahlen der Statistik nichtunterschieden. Es könnte also tatsächlich möglich sein, dass die derzeitigen positiven Testergebnisse, die 1 Prozent der Tests in Deutschland ausmachen (Stand: KW32), größtenteils falsch- positiv sind. Daher ist es wichtig, sich die Sentinel-Proben des Robert-Koch-Instituts anzuschauen, weil hier die Proben von tatsächlich Erkrankten untersucht werden. Bei den Sentinel-Proben die regelmäßig von Arztpraxen aus ganz Deutschland ans Robert-Koch-Institut eingeschickt werden, gibt es jedoch bereits seit April keinen einzigen Covid-19-Fall mehr – alle eingesandten Proben erwiesen sich als andere Erkältungs-bzw. Grippeviren, hauptsächlich Rhinoviren. (siehe Anhang)

3 Zitat: „"Wir müssen jetzt aufpassen, dass wir nicht nachher durch zu umfangreiches Testen ... zu viele falsch Positive haben. Weil die Tests ja nicht 100 Prozent genau sind, sondern auch eine kleine, aber eben auch eine Fehlerquote haben. Und wenn sozusagen insgesamt das Infektionsgeschehen immer weiter runtergeht, und Sie gleichzeitig das Testen auf Millionen ausweiten, dann haben Sie auf einmal viel mehr falsch Positive."

https://www.presse.online/2020/06/20/spahn-durch-zu-viele-tests-mehr-falsch-positive-faelle-als-echte/

c) Welche Ansteckungsgefahr geht von Kindern aus?

Beim Sinn der Einführung einer Maskenpflicht ist auch zu unterscheiden, ob es sich um Erwachsene (Lehrkräfte, Eltern) oder um Schüler (Kinder, Teenager) handelt. Das Besondere bei dem neuartigen Sars-Cov-Virus ist, dass die Ansteckungsgefahr einer Person vom Alter abhängig ist. Bewusst wird im Hygieneplan des Kultusministeriums keine wissenschaftliche Grundlage bezüglich des Infektionsrisikos durch Kinder genannt – da es eine solche nicht gibt. Weltweit gibt es keine einzige Studie, die belegen würde, dass bei Covid 19 irgendeine Gefahr von Kindern ausgehen würde.

Inzwischen gibt es Dutzende von Studien und Untersuchungen, die allesamt feststellten, dass Kinder keine Treiber der Pandemie sind. Kinder scheinen für diesen Virus weniger Rezeptoren zu haben – der Virus kann auf den Schleimhäuten von Kindern nicht überleben und wird sofort vom Körper zerstört. In einer neuen Studie aus der Uniklinik Dresden wurden Kinder sogar als die Bremsklötze der Pandemie bezeichnet, da Kinder die Pandemie durch die Nichtweitergabe des Virus ausbremsen würden. (Siehe Anhang). Kinder stecken sich nur sehr selten an und, selbst wenn sie infiziert sind, infizieren sie andere nicht. Diese Tatsache ist nicht mehr eine bloße Vermutung, sondern laut Prof. Debatin ein klarer Fakt (s. Fußnote4)!

Gibt es positive Test-Ereignisse bei Kindern, so sollte stets durch eine zweite Testung nachgeprüft werden, ob es sich nicht um ein Falsch-Ergebnis gehandelt hatte.4Der Widerspruch einer Maskenpflicht In den Sommerferien sah man Kinder, die täglich eng miteinander auf Spielplätzen spielten oder einander besuchen. Erwachsene lagen an Badeseen und -stränden wie Ölsardinen nebeneinander, grillten gemeinsam mit Freunden und Verwandten, und genossen das schöne Wetter. Kein Ordnungsamt der Welt interessierte das während der Ferien – vielleicht weil diese Leute selbst Familienurlaub an dicht gepackten Ost-und Nordseestränden machten?

Die von Herrn Drosten im Frühjahr gemachte Behauptung, von Kindern würde dieselbe Ansteckungsgefahr ausgehen wie von Erwachsenen, erwies sich als falsch und wurde widerlegt. Ich möchte hier auf die Forschungen der Unikliniken Heidelberg, Ulm, Freiburg, Tübingen und Dresden verweisen, die alle feststellten, dass der Corona-Virus, anders als von Herrn Drosten behauptet, NICHT mit einer herkömmlichen Grippe vergleichbar ist. Kinder infizieren sich nachweislich seltener – das Virus scheint bei ihnen nicht so gut „andocken" zu können. Professor Debatin nennt es„...einen klaren Fakt, dass Kinder deutlich weniger erkranken". Betätigt werden diese Bestätigungen durch gleiche Beobachtungen und Studien aus dem Ausland wie z.B. Frankreich, Norwegen, den Niederlanden oder auch der WHO.

Dennoch gab und gibt es keine Meldungen von überfüllten Krankenhäusern, keine gestiegene Sterblichkeit, keine Berichte von um Luft ringenden Erkrankten. Wie oben erwähnt zeigen die PCR Tests einen prozentualen Rückgang von Infiziertenzahlen und sämtliche ans Robert-Koch-Institut geschickten Proben von Menschen mit Symptomen erwiesen sich als andere Virenstämme. Nach diesen – für die meisten Leute unbeschwerten - Sommermonaten beginnt nun die Schule. Dort sollen sich die Kinder Masken überziehen – die sie dann nach der Schule wieder absetzen dürfen, um mit Schulfreunden zu spielen. Das ist ein Widerspruch, der für Kinder schwer zu verstehen ist. Sind sie nur in der Schule ansteckend, aber auf dem Spielplatz und zu Hause nicht mehr? Welchen Schaden der kindlichen Psyche angetan wird, wenn Kindern Angst vor menschlicher Nähe suggeriert wird, brauche ich Ihnen nicht erzählen. Es gibt zahlreiche Ärzte, Kinderärzte und Psychiater, die darauf hinweisen und vor einer Zunahme von Verhaltensstörungen und psychosomatischen sowie stressbedingten Krankheitsbildern bei Kindern warnen.5Das Angebot von PCR Test für Lehrkräfte und Schulpersonal An alle Schulen wurde auch das Testangebot an Lehrkräfte und Schulpersonal versendet. Da bei einem positiven Testbefund eine –

oder mehrere – ganze Klassen in Quarantäne gesandt werden, möchte ich Ihnen die Information geben, dass der Test nicht dazu zugelassen ist, eine Krankheit zu erkennen. Er ist nur dafür geeignet, bestimmte Aminosäurestücke zu finden. Dies gibt jedoch keine Aussage darüber, ob jemand erkrankt ist oder noch erkranken wird, oder ob jemand ansteckend ist. Dieser Test ist nicht validiert und nicht für den klinischen Gebrauch zugelassen – dennoch wird er verwendet für all die bekannten, einschneidenden Corona-Maßnahmen. Bitte seien Sie sich dessen bewusst, dass ein Test für niemanden auch nur einen Hauch mehr an Gesundheit bringt, aber dass er viele gesunde Kinder grundlos von der Schule ausschließen könnte. Zudem steht inzwischen fest, dass jeder Test zwangsläufig eine DNA-Entnahme darstellt, ob der Getestete das will oder nicht. Hier obliegt Ihnen Ihre Fürsorgepflicht gegenüber dem Lehrerkollegium, dieses hierüber aufzuklären. Es erhärtet sich derzeit die Vermutung, dass der Bund zusammen mit der EU eine europaweite Genom-Datenbank aufbaut.

Deutschland trat beispielsweise im Januar 2020 dem EU Großprojekt „1+ Million Genome Initiative“ mit dem Ziel, bis 2022 einen sichereren und geregelten Zugang zu mindestens einer Million kompletter Genomsequenzen und weiterer Gesundheitsdaten zu ermöglichen.

https://www.bmbf.de/de/deutschland-tritt-genomprojekt-der-eu-bei-10676.html

## 3. Die Möglichkeiten und Pflichten von Lehrkräften und Schulleitern

Ich hoffe, Sie erkennen, was inzwischen auf dem Rücken der Kinder, der Eltern und der gesamten Lehrerschaft ausgetragen wird. Wir wollen alle das Gleiche: einen sicheren Schulbetrieb, zum Wohle der Kinder und des Kollegiums. Bitte setzen Sie sich dafür ein, dass Kinder nicht durch übertriebene und letztendlich unsinnige Maßnahmen unnötig körperlich oder psychisch belastet werden. Normale Hygieneregeln wie Händewaschen mit Seife, das Niesen in die Armbeuge und häufiges Lüften der Klassenzimmer reichen im Schulbetrieb nach Ansicht der Deutschen Gesellschaft für Krankenhaushygiene (DGKH), der Deutschen Gesellschaft für Pädiatrische Infektiologie(DGPI), der Deutschen Akademie für Kinder- und Jugendmedizin (DAKJ), der Gesellschaft für Hygiene, Umweltmedizin und Präventivmedizin (GHUP) und des Berufsverbands der Kinder- und Jugendärzte in Deutschland (bvkj e.V.) völlig aus!

Bei der Umsetzung der Hygieneregeln besteht durchaus ein gewisser Spielraum: Sie haben die Wahl, ob Sie die Regeln wörtlich und ausnahmslos umsetzen; oder ob Sie die Regeln zwar erwähnen, aber in verantwortlicher Weise anwenden (d.h. Kinder werden für die Gesundheitsrisiken von Masken sensibilisiert und ihnen wird im Rahmen dieser Aufklärung die ausdrückliche Erlaubnis gegeben, sie jederzeit bei Unwohlsein abzusetzen und maskenlos herumzulaufen).

Für Beamte besteht außerdem nicht nur die Möglichkeit, sondern auch die Pflicht zur Remonstration: Nach § 63 BBG bzw. § 36 BeamtStG gilt für Beamte die Verpflichtung dienstliche Anweisung vor der Ausführung auf ihre Rechtmäßigkeit hin zu überprüfen. Beamte, die ihrer Remonstrationspflicht nicht nachkommen, haften persönlich, z.B. für gesundheitliche oder psychische Folgeschäden bei Kindern aufgrund der Masken. Ärzte, Wissenschaftler und Pädagogen haben in einem Positionsschreiben deutlich gemacht, dass sich die derzeitigen Maßnahmen juristisch im Gebiet der Kindeswohlgefährdung befinden.

Wenn Anordnungen auf ein erkennbar strafbares oder ordnungswidriges Verhalten abzielt, die Menschenwürde verletzt oder die Grenzen des Weisungsrechts überschreitet, besteht von Beamten (Lehrern, Schulleitern) eine Pflicht zur Remonstration, die Sie wahrnehmen sollten.6 Siehe deren gemeinsame, öffentliche Stellungnahme mit dem Titel „Kinder und Jugendliche in der CoVid-19- Pandemie: Schulen und Kitas sollen wieder geöffnet werden. Der Schutz von Lehrern, Erziehern, Betreuern und Eltern und die allgemeinen Hygieneregeln stehen dem nicht entgegen"

Siehe z.B. hier http://www.bewusst-leben.org/index.php/corona-denk-mit/kinderaerzte-zu-corona

Juristische Hilfestellung können bieten:

•Anwälte für Aufklärung

(https://www.afa.zone/)•Klagepaten(https://klagepaten.eu/)

•Mutigmacher

(https://mutigmacher.org/)

Auch von vielen Eltern in Bayern werden inzwischen Protestschreiben an die Gesundheitsämter sowie an die Ministerien versandt. In manchen Bundesländern wurden auch schon Strafanzeigen angedroht bzw. eingereicht (siehe Anhang).

Neben oben genannten Stellen werden diese Eltern von den Initiativen „Ärzte für Aufklärung" oder „Eltern stehen auf" unterstützt. Wir hoffen, diese Informationen sind hilfreich für Sie, wie Sie in dieser besonderen Zeit handeln können.

## 4. Anhang 1:

Auszug aus dem Influenza- Bericht des Robert-Koch-Institut, basierend auf die Sentinelproben, die wöchentlich aus Arztpraxen eingeschickt werden: Ganzer Bericht:

https://influenza.rki.de/Wochenberichte/2019_2020/2020-32.pdfAuszug:

„Seit der 8. KW 2020 sind insgesamt 13 (0,6%) SARS-CoV-2-positive Proben in 2020 untersuchten Proben im Sentinel der AGI detektiert worden. Seit der 16. KW 2020 gab es keine Nachweise mehr von SARS-CoV-2 im Sentinel".

## 5. Anhang 2:

Studie an Schulen:

Kinder wirken eher als Bremsklötze der Infektion Quelle:

Frankfurter Allgemeine Zeitung, 13.07.2020, geschrieben von Stefan Locke, Dresden Auszug:

„Die Verbreitung des Coronavirus in Kindergärten, Schulen und Familien wurde bisher offenbar überschätzt. Eine Studie der Medizinischen Fakultät der Technischen Universität Dresden ... lieferte weder einen Beleg dafür, dass sich das Virus in Schulen besonders schnell verbreitet, noch dafür, dass es durch Kinder besonders häufig übertragen wird."

„Es ist eher das Gegenteil der Fall", sagte Studienleiter Reinhard Berner, Direktor der Poliklinik für Kinder und Jugendmedizin des Dresdner Universitätsklinikums.

„Kinder wirken eher als Bremsklötze der Infektion. Nicht jede Infektion, die bei ihnen ankommt, wird auch weitergegeben."...

„Zugleich konnten die Forscher an Schulen, in denen es mindestens einen bestätigten Corona-Fall gab, keine weitere Ausbreitung feststellen."...

„DarüberhinaushättenauchdiezahlreichenKontaktederSchülerunterei nandersowie außerhalb ihrer Familien während des Lockdowns nicht zu einer Verbreitung des Virus beigetragen."

Für die Studie wurden 13 Schulen ausgewählt, 1.500 Schüler im Alter zwischen 14 und 18 Jahren sowie 500 Lehrer zwischen 30 und 66 Jahren untersucht. In einigen der Schulen hatte es zuvor positiv getestete Corona-Fälle gegeben. Dennoch verbreitete sich das Virus dort nicht.

In Sachsen und Thüringen wurde das Abstandsgebot und die Maskenpflicht an Schulen außer Kraft gesetzt – die Schulen dort sind zum uneingeschränkten Regelbetrieb zurückgekehrt.

https://www.faz.net/aktuell/politik/inland/corona-studie-an-schulen-kinder-eher-bremskloetze-der-infektion-16858827.html?printPagedArticle=true#pageIndex_2

## II. Erklärung:

Ein Arzt und eine OP-Krankenschwester erklären den Umgang mit der Maske:[2]

"Ein herzlicher Gruß an alle da draußen, seit über 30 Jahren bin ich Chirurg und somit mit Gesichtsmasken bestens vertraut. Während einer Operation sollen Gesichtsmasken verhindern, daß die Operateure mit ihrem Atem Keime in den für den operativen Eingriff eröffneten Bauch oder das eröffnete Gelenk hinein atmen. Denn der Bauchraum und gerade auch Gelenke sind von Natur aus keimfrei, steril. Wenn wir also im OP während der Operation Gesichts-Masken tragen, ist oberstes Gesetz, während der Operation so wenig wie irgend möglich zu sprechen. Denn mit jedem gesprochenen Wort kommt Atemfeuchte in die Maske. Je mehr Feuchtigkeit, desto durchlässiger die Maske.

[2] Vgl. https://cloud.querdenken-773.de/index.php/s/JRCYzXDYTiENB9w#pdfviewer

Im nachfolgenden Text wird dies von anderer, befähigter Seite bestätigt und auf die aktuelle Situation bezogen erweitert dargelegt:

"WER FÜR DIE MASKENPFLICHT IST UND MASKEN AUFSETZT - SOLLTE DIES UNBEDINGT LESEN"

Ich habe lange im Krankenhaus auf der Chirurgie und unter anderem auch im OP gearbeitet. Von daher kenne ich die Anwendung der Masken sehr genau! Im Krankenhaus wird mit zertifizierten medizinischen Masken gearbeitet. Selbst diese werden noch unterteilt in die "einfachen" OP Masken die die meisten Menschen kennen, und die FFP2 und FFP3 Masken. Die einfachen OP Masken werden am häufigsten eingesetzt. Sie schützen den Patienten während der OP oder der Wundversorgung/Behandlung dass Keime vom Arzt/Pflegepersonal in die Wunden gelangen. Unter Keimen sind hier Bakterien gemeint, keine Viren. Viren gelangen durch die OP Masken hindurch. Beim Tragen dieser OP Masken gibt es strenge hygienische Regeln. Unter anderem sollen diese alle 20 Minuten, spätestens alle 30 Minuten ausgetauscht und entsorgt werden. Dabei um keinen Fall auf die oder an die Maske fassen, sondern nur am Band nehmen und in den dafür vorgesehenen Behälter geben, um in die Verbrennung gebracht zu werden. Beim starken Schwitzen oder sehr feuchter Atmung bitte öfters austauschen. Auf keinen Fall mit den Fingern an die Maske fassen. Beim Aufsetzen der Maske darauf achten, dass die Innenseite nicht kontaminiert ist, also aus der Verpackung nehmen, direkt OHNE anzufassen aufsetzen! Um Viren abzufangen, werden FFP2 oder FFP3 gebraucht. Die haben die nötigen Filter und Ventile, um Viren abzuhalten. Diese Masken dürfen länger getragen werden, im Maximalfall bis zu 8 Stunden. Der erst zur Anwendung gilt wie bei den OP Masken. Das ganz kurz zu den medizinischen Masken. Vom Bürger wird jetzt erwartet, bzw. er wird verpflichtet, eine Maske zu tragen, die nicht zertifiziert ist, eine Maske die man sich möglichst selbst aus Baumwolle oder ähnlichen Stoffen näht. Diese Stoffe sind beim Tragen über Mund und Nase -unsere Atemwege!!! höchst bedenklich. Die Baumwolle hält keine Viren ab, wie die OP Masken. Wir reden hier doch aber von einem Virus, oder? Es heißt vom Gesetzgeber folgendes: Auch beim Tragen einer Mund-Nasen-Bedeckung ist der Abstand von 1,5 -2 Meter einzuhalten. Auch auf meine Nachfrage beim Gesundheitsamt, weshalb die Masken getragen werden müssen, bekam ich die Antwort: "Man muß die Masken lediglich als Reminder verstehen, um den Abstand einzuhalten!"Allein schon diese beiden Aussagen bestätigen, dass diese Masken niemanden schützen, nicht den Träger und nicht die Anderen. Jetzt kommen einige und sagen naja, es hält aber die Tröpfchen auf beim Niesen und Husten. Sorry Leute, ich niese oder huste niemandem ins Gesicht. Ich bevorzuge es, in ein Einmaltaschentuch zu husten oder zu niesen, um dieses dann direkt zu entsorgen-in den Müll. Ungern möchte ich den ausgehusteten Schnodder dann in meiner Maske weiter an meinem Gesicht kleben haben. Nein im Ernst, sichtbare Partikel werden sicher von der Maske aufgehalten, aber die unsichtbaren Partikel gehen auch dann da durch -es ist Baumwolle! Und genau in diesen für unser Auge nicht sichtbaren Partikel befinden sich die für uns nicht sichtbaren Viren. Kurz und Gut, wir können mit dem Tragen dieser Mund-Nasen-Bedeckung niemanden schützen. Was tun diese Masken aber? Sie belasten die Gesundheit des Trägers! Die hygienischen Vorgaben beim Tragen dieser Mund-Nasen-Bedeckung sollte genauso eingehalten werden wie bei den einfachen OP Masken. Jetzt sehe ich aber, wie die Menschen da draussen mit dem Stoff umgehen, und ich sehe dort massenweise neue Lungenkranke -ganz ohne Corona.

Warum? Viren und Bakterien befinden sich ständig um uns herum. Wir können das nicht vermeiden. Wenn wir jetzt ein Stück Baumwolle im Gesicht haben, sammeln sich da eine Menge Bakterien und Viren an. Teils von aussen, teils von innen durch unsere Atmung. Unsere Atmung ist feucht, dadurch entsteht in dieser Mund-Nasen-Bedeckung ein wunderbar warm/feuchtes Milieu -ein idealer Nährboden damit sich die Bakterien vermehren können - Sekundärinfektionen drohen!!!! Dazu kommt es zu einer erhöhtenCO2 Rückatmung, der normale und gesunde Gasaustausch O2/CO2 ist nicht mehr gewährleistet - Kreislaufschwierigkeiten und Kopfschmerzen sind hier die harmlosesten Auswirkungen. Beim Abnehmen der Maske fassen sehr viele Menschen den Stoff direkt an, somit besteht die Gefahr, dass sie sich dann sogar vermehrt mit Viren, auch mit Corona anstecken können! Ich könnte jetzt noch viel mehr auflisten, aber mache jetzt Schluss. Ich bin nicht Rechts oder ein Wutmensch, ich bin nicht unsolidarisch oder asozial. Ich möchte aufmerksam machen auf die Gefahr! Ich möchte aufrütteln, damit wir in ein paar Monaten nicht haufenweise Menschen mit Asthma, chronischen Reizhusten oder wirklich schweren Lungenerkrankungen haben - und das ganz ohne CORONA!"

## III. Intention:

### Die wahren Gründe für die Maskenpflicht[3]

Die Pflicht zum Maskentragen dient der absichtliche Erniedrigung, Schwächung und Disziplinierung der Bevölkerung. Es ging niemals um Schutz vor Viren, weil Masken davor nicht schützen können. Das Ziel ist die Menschen zu trennen, ihnen die Gesichter und damit ihre Persönlichkeit zu nehmen. Es ist eine großangelegte Dressur zur Unterwerfung, eine globale Gehirnwäsche. Und es geht um permanente Angsterzeugung und verankern von Misstrauen, gegenüber den Nachbarn, den Kollegen, den Mitschülern, ja den Freunden und sogar der Familie. Von der Dimension her gab es zu keinen Zeiten Vergleichbares. Voneinander isolierte Menschen sind schwach, verängstigte Menschen sind schwach, gesichtslose Menschen verlieren ihre Persönlichkeit, ihren Status, ihre Stärke, Masken entmenschlichen, aus Subjekten werden Objekte.

Neben vielen anderen habe auch ich von Anfang an darauf hingewiesen, dass mit der Pandemie etwas nicht stimmen kann,

[3] Vgl. http://www.hgeiss.de/blogs/maskenpflicht.htm

dass nichts zusammenpasst. Die Erfahrung des letzten dreiviertel Jahres hat unsere Befürchtungen bestätigt. Eine Lüge nach der anderen wurde widerlegt und mit jeder Widerlegung wurden die Lügen in den Medien mehr und die Angriffe auf Skeptiker und Kritiker. Leserbriefe wurden nicht mehr gedruckt, auf alternativen Seiten zog die Zensur ein.

Doch mittlerweile hat die ununterbrochene mediale Gehirnwäsche ganze Arbeit geleistet, die Bevölkerung ist gebrochen, sie lässt alles mit sich machen und viele beten die vorgegebenen Lügen nach. Wie schon zu Hitlers Zeiten sind es vor allem die Kleinbürger der Mittelschicht, die sich besonders anpassen und sogar denunzieren. Viele haben sich gegenüber jeglicher Aufklärung abgekapselt, sie wollen nicht wissen, dass die Pandemie geplant war und einer völlig anderen Agenda dient. Sie verschließen die Augen davor, wie die kleinen und mittleren Gewerbe zerstört werden und wie die Profite von Großkonzernen wachsen. Sie weigern sich darüber nachzudenken, dass der Begriff „Infektionszahlen" eine Lüge ist, weil diese keine Kranke anzeigen, sondern nur das Ergebnis eines Gaunertestes sind und im Bereich von Falsch-Positiv-Ergebnissen liegen. Ein Statistiker erklärte dieses Prinzip so: Wenn wir 1 Million

Männer auf Schwangerschaft testen, dann kommen Zehntausend schwangere Männer heraus...

Mit dem Herbst nehmen auch die Erkältungen zu und jedem Schnupfen oder Husten wird als „Corona" verdächtigt und zieht oft einen Rattenschwanz an Tests und Kontaktverfolgung nach sich.

Wie wir aus der Übung „Event 201" vom Oktober 2019 wissen, wurden da die Agenda geübt, die Finten und Lügen entworfen und einstudiert. Wir kennen heute die Teilnehmer: Oligarchen, Konzernvertreter, Großbanker, Medienvertreter, PR. Die Teilnahme von Vertretern der Geheimdienste und politischen Administratoren aus der Seuchenbranche vervollständigten die Verschwörerbande gegen die Völker. Die Teilnahme des chinesischen Seuchenministers belegt, dass die parallel ablaufenden kriegerischen Theater, die in den Medien Gegnerschaft und Kriegsvorbereitung vorspielen, vermutlich der Einschüchterung und Ablenkung dienen. China war von Anfang an mit von der Partie, es startete bekanntlich wenige Wochen nach der New Yorker Übung den großen Bluff.

Die Maskierung der Bevölkerung ist in China seit Jahren erprobt und ein Stück Normalität geworden. Auch bewährt, wenn man

Völkerverschiebungen durchführt, wie bei den Uguren, weil man dann die Zugewanderten kaum mehr von den Eingeborenen unterscheiden kann. Eine Metapher dazu: Imker verwenden zur Vereinigung von Bienenvölkern Duftsprays, um ein gegenseitiges Abstechen zu verhindern. Alle riechen gleich und irgendwann haben sie sich aneinander gewöhnt. Die Masken haben vermutlich auch diesen Zweck, um die bereits stattgefundenen und die noch größeren, bereits beschlossenen durchziehen zu können.

Doch die meisten Menschen glauben noch immer, dass ihre Regierungen Regionalität oder Nationalität im Sinn haben. Doch allesamt werden von internationalen Konzernen und Aktionären gesteuert, die sich weder Nationen noch Kulturen zugehörig fühlen. Sie streben seit vielen Jahren die grenzenlose Welt an und verkaufen dies seit dem alten Rom als Fortschritt und als Mittel zur Völkerverständigung. Traurig, dass sich die humanitären Bewegungen noch immer diesen Floh ins Ohr setzen lassen, auch nach den blutigen Erfahrungen des christlichen Imperialismus und des kommunistischen Imperialismus. In der letzten Zeit ist auch ein ökologischer Internationalismus dazu gekommen. Erst schüren sie Angst vor Massenvernichtungswaffen, vor Klimakatastrophen, vor

Seuchen, Verschwörungen, die sich nur global bekämpfen lassen: von der neuen globalen Weltordnung. Doch das bedeutet nichts anderes als die globale Kommerzialisierung, die Zerstörung aller Kulturen, der Sprachen und des Verantwortungsgefühls, der Identifikation für ihre Länder. Nicht zu vergessen auch den Abbau von Sozialsystemen, der Familienstrukturen, das Ziel der entwurzelte, voll überwachte und kontrollierte Einzelne, der alles mit sich machen lässt.

## IV. Befreiung:

BEFREIUNG VON DER MASKENPFLICHT/MUND-NASE-BEDECKUNG[4]

Unter Berufung auf § 3 Absatz (2) Nr. 2 der Corona Verordnung Baden-Württemberg in der Fassung vom 06.08.2020 erkläre ich, dass mir das Tragen einer Mund-Nasen-Bedeckung aus gesundheitlichen und sonstigen Gründen nicht möglich und nicht zumutbar ist.

Aus folgenden Gründen ist mir das Tragen einer Mund-Nasen-Bedeckung nicht möglich und auch nicht zumutbar:

[4] Vgl. https://cloud.querdenken-773.de/index.php/s/Zq8eEwGcRmwf7cX#pdfviewer

1. Gesundheitliche Gründe / Eingriff in Körperliche Unversehrtheit, Art 2 II S.1 GG:

- Freies Atmen mit Mund-Nase-Bedeckung nicht möglich
- $CO_2$ Rückatmung
- Fehlende Möglichkeit der ordnungsgemäßen Desinfektion der Mund-Nasen-Bedeckung gemäß der WHO Empfehlungen
- Feuchtes Klima unter der Mund-Nasen-Bedeckung, gerade bei Hitze-Kopfschmerzen und Schwindel beim Tragen einer Maske.

2. <u>Politische Gründe:</u>

Das Tragen einer Mund-Nasen-Bedeckung (Maske) ist mit meiner politischen Aktivität [...] nicht vereinbar, da die sog. „Maskenpflicht" für mich ein Symbol politischer Unterdrückung darstellt, gegen die ich protestiere.

3. Gesunder Menschenverstand / Infektionsschutz:

Die Masken bieten keinerlei Schutz gegen Viren oder Bakterien und erzeugen ein falsches Gefühl von vermeintlicher Sicherheit.

4. Religiöse Gründe:

Jede Art einer Vermummungspflicht lehne ich als Akt der Unterdrückung ab und zeige damit auch meine Solidarität mit allen unterdrückten Menschen auf der Welt, welchen untersagt wird, ihr Gesicht zu zeigen.

## V. Umfrage:

### 1. Umfrage zur Maskenpflicht:[5]

Die Wissenschaft ist sich weitestgehend einig.

Die üblichen Masken stoppen keine Viren.

Warum müssen wir sie Ihrer Meinung nach trotzdem tragen?

[5] Vgl. https://cloud.querdenken-773.de/index.php/s/4ENCTw49kspXJtk#pdfviewer

- Die Maskierung soll uns auf Maßnahmen in der Zukunft einstimmen.

- Masken bewirken tiefes Atmen und stärken Lunge und Immunsystem.

- Das gemeinsame Maskentragen stärkt den Einheitsgedanken im Volk.

- Es ist ein Gehorsamkeitsexperiment.

- Der Maskenzwang soll uns zeigen, dass wir nicht wirklich frei sind.

- Die Maskenpflicht bereitet die kommende Impfpflicht vor.

- Wer Maskenträgt, glaubt auch leichter, die Viren seien das Problem.

- Sie sind das passende Symbol für den Kampf gegen einen Gegner, der sich auch ständig neu maskiert.

- Die Masken sollen uns wenigstens das Gefühl geben, man könne Viren aufhalten.

Eine weitere Umfrage finden Sie umseitig

Kreuzen Sie das Ihrer Meinung nach Zutreffende an - Mehrfachnennungen sind möglich!

Den ausgefüllten Fragebogen abschicken oder Online-Abstimmung auf unserem Telegram-Kanal.

Weitere Infos auf.

https://t.me/umfragen_maskenpflichthttps://t.me/Flyer_Umfragen_Infos

Telegram ist ein kostenloser Messenger wie Facebook, Twitter und WhatsApp

2. Umfrage zum Maskenzwang:[6]

Bemerkenswert ist der Maskenzwang in Restaurants und Biergärten.

Am Tisch darf man zusammensitzen, streiten und scherzen.

Beim einsamen Gang zur Toilette aber gilt strenge Maskenpflicht.

Warum ist das Ihrer Meinung nach so?

---

[6] Vgl. https://cloud.querdenken-773.de/index.php/s/4ENCTw49kspXJtk#pdfviewer

- Toiletten sind ein gefährlicher Ort.
- Bei Urinalen ist der Sicherheitsabstand von 1,5 Meter kaum einzuhalten.
- Auf dem Gang zur Toilette kommt man an Fremden vorbei.
- Die sind eher mal infektiös.
- Die Verfasser der Maskenregeln verfügen über Spezialwissen.
- Es handelt sich um ein Gehorsamkeitsexperiment.
- Corona-Viren sind am Tisch harmlos und träge.
- Sie greifen nur an, wenn der Mensch sich erhebt.
- Erst hat man nicht nachgedacht – und jetzt ist es halt so.
- Widersinnige Anordnungen zu befolgen stärkt die Gemeinschaft.

- Keine Ahnung - weiß ich nicht – darüber will ich nicht nachdenken.

Eine weitere Umfrage finden Sie umseitig

Kreuzen Sie das Ihrer Meinung nach Zutreffende an - Mehrfachnennungen sind möglich!

Den ausgefüllten Fragebogen abschicken oder Online-Abstimmung auf unserem Telegram-Kanal.

Weitere Infos auf.

https://t.me/umfragen_maskenpflichthttps://t.me/Flyer_Umfragen_Infos

Telegram ist ein kostenloser Messenger wie Facebook, Twitter und WhatsApp

## VI. **Unterscheidung:**

### 1. ZWANG ZUR IMPFUNG DROHT:[7]

Die Gründer der AERZTE-FUER-AUFKLAERUNG sowie Professor Dr. Stefan Hockertz, Immunologe und Toxikologe, rechnen mit 80.000 Toten und 4 Millionen Impfgeschädigten durch eine Corona-Zwangsimpfung in Deutschland.

[7] Vgl. https://cloud.querdenken-773.de/index.php/s/ET3mE4m4NHyNWze#pdfviewer

## 2. ECHTE PANDEMIE:

- Jeder kennt schwer Erkrankte aus seiner direkten Umgebung / Familie.
- Arztpraxen und Krankenhäuser im ganzen Land sind überfüllt.
- Es gibt sehr viele Todesfälle.
- Politiker und Medien tun alles, um die Menschen zu beruhigen.
- Der Staat tut alles, um die Wirtschaft trotzdem am Laufen zu halten.
- Fakten und Erkenntnisse werden gesucht und jede Hilfe in der Not angenommen.
- Es gibt keine organisierten Profiteure.

- Ein schnelles Ende und eine zeitnahe, angemessene Entwarnung nach klaren Vorgaben / Richtlinien wird angestrebt.

- Menschen haben Angst zu sterben und versuchen alles, um sich zu schützen, wobei der Staat bei unnötigen Überreaktionen aufklärt.

- Menschen kämpfen mit einer humanitären Katastrophe.

3. FAKE PANDEMIE:

✔ Krankheitsfälle sind meist nur aus Medienberichten bekannt.

✔ Normalbetrieb in Krankenhäusern, vermehrt Angstpatienten in Praxen.

✔ Unveränderte Sterblichkeit im Jahresvergleich.

✔ Politiker und Medien tun alles, um Angst zu verbreiten, die Menschen einzuschüchtern und die Gesellschaft zu spalten.

✔ Wirtschaft wird durch unnötige Einschränkungen abgewürgt. Ganze Branchen werden in Ruin getrieben.

✔ Renom[m]ierte Wissenschaftler werden ignoriert und sogar öffentlich in den Medien lächerlich gemacht.

✔ Gewinne durch vorbereitete Absprachen und Deals werden angestrebt.

✔ Wechselnde Erkenntnisse, ständig angepasste Richtwerte und Statistiken, immer neue Verordnungen verlängern die Pandemie.

✔ Menschen haben Angst vor Bestrafung. Maßnahmen werden durch sozialen Druck und Staatsgewalt durchgesetzt.

✔ Menschen kämpfen um Toilettenpapier.

## VII. Schlusswort:

„**_Achtung:_**

***Zitat von Geistheiler Sananda:***

***'Was ist der Unterschied zwischen einer Fake-Pandemie und einer echten Pandemie?***

***Bei einer Fake-Pandemie wollen sie einem ständig erklären, wie gefährlich ein Virus doch sein.***

***Bei einer echten Pandemie, erklären sie einem ständig, wie harmlos doch alles sei!´***

*Geistheiler Sananda“*[8]

---

[8] Vgl. https://www.geistheiler-sananda.net/blog-aktuell/

Printed by Books on Demand GmbH, Norderstedt / Germany